Couvertures supérieure et inférieure manquantes

NOTICE

SUR

JEAN DE REYN

Par ANTONY VALABRÈGUE

Membre honoraire

C'est une figure qui demeure encore indécise et à demi voilée que celle de Jean de Reyn. Nous avons de cet artiste quelques toiles capitales dans les églises et dans les musées de Dunkerque et de Bergues ; nous retrouvons, disséminés dans divers endroits, d'autres tableaux qui peuvent ajouter à l'idée que nous nous sommes faite de ce maître, mais une grande partie de son œuvre est inconnue et échappe à nos recherches. La vie de Jean de Reyn est entourée d'obscurités ; une notice de Descamps, dans ses *Vies des Peintres flamands et hollandais*, nous apporte à peine quelques détails biographiques ; or, on sait que Descamps est très sujet à caution, en général. On n'a pu encore déterminer le lieu de naissance de Jean de Reyn ; il y a cependant de fortes présomptions pour le croire né à Dunkerque, et l'on peut adopter la tradition déjà ancienne qui le considère comme issu de cette ville, tout en attendant la production d'un texte qui pourrait fixer son origine.

Malgré ses aspects incomplets, la physionomie de Jean de Reyn a vivement séduit, à diverses reprises, ceux qui prennent intérêt aux questions d'art, à Dunkerque. Ils ont compris que l'œuvre de cet artiste avait des qualités qu'il était juste de mettre en lumière ; en se plaçant au point de vue local, ils ont senti que ce serait pour Dunkerque un honneur de compter Jean de Reyn au nombre des illustrations dont elle peut s'enorgueillir. C'est à ces sentiments qu'a obéi la Société Dunkerquoise, quand elle a ouvert, en 1867, un concours qui, on doit le regretter, n'a pas amené de résultats sérieux. Il aurait été désirable, non-seulement que la biographie de Jean de Reyn eût été reconstituée, mais encore qu'on pût lire, aux premières lignes d'une étude sur ce peintre, que Dunkerque était bien la ville qui lui a donné le jour.

I

Jean de Reyn, à ses débuts, fut un peu errant comme il convient à un artiste issu d'un pays de marins ; de même que les habitants de Dunkerque au XVIIe siècle, il a servi plusieurs maîtres ; né sous la domination espagnole, il a vécu en Angleterre ; il est allé à Paris, il est revenu à Dunkerque à l'époque où cette ville appartenait à la France, et il n'a plus cessé de l'habiter jusqu'à l'année de sa mort. Bien des indices semblent fortifier l'opinion que Jean de Reyn est né dans cette ville et donner raison à la tradition qui s'est formée sur notre peintre et qui a été recueillie par Descamps (1).

A en croire Descamps, Jean de Reyn serait né vers 1610. J'ai dit que Descamps n'est pas toujours digne de confiance; ici, pourtant, il faut faire remarquer que l'historien des peintres flamands et hollandais était originaire de Dunkerque; il aurait pu tenir de bonne source la plupart des détails qu'il donne sur notre artiste (2).

(1) Descamps s'exprime ainsi : « Jean de Reyn, que *l'on assure* être né à Dunkerque ».

(2) J'ai adopté, pour le nom de notre artiste, la leçon suivie en général. Rien ne nous porte à croire absolument que Jean de Reyn fût de famille noble : le *de* peut être, non une particule, mais l'article flamand équivalant au français *le*. Le nom, Jean de Reyn, aurait un sens et voudrait dire *l'homme soigneux de sa personne*.

On comprendra à quelles précautions il est nécessaire de recourir pour parler de la jeunesse d'un peintre sur lequel on possède si peu de renseignements. Quelles furent les premières influences que Jean de Reyn a subies? Dunkerque, au commencement du XVIIe siècle, n'avait encore produit aucun peintre connu ; ses églises étaient néanmoins ornées de quelques tableaux ; on y voyait des sculptures, des œuvres d'art, comme dans toutes les églises de la Flandre. Les syndics de corporations, les membres du Magistrat aimaient à faire exécuter leurs portraits et à décorer à l'occasion, les murs d'une chapelle, d'un tableau religieux dont ils étaient les donateurs. Saint-Eloi avait reçu ce beau triptyque de Frans Pourbus, *le Martyre de saint Georges*, qui appartient aujourd'hui au musée communal (1). Un jeune artiste pouvait, par conséquent, trouver à Dunkerque, pour s'en inspirer, de beaux modèles et des souvenirs artistiques. L'art de peindre avait pris, au reste, dans toute la Flandre, un vaste essor, et ce mouvement, presque universel, n'avait pas de limites; on peut dire qu'il s'était propagé jusque dans les plus petites cités.

Les succès de Rubens devaient surtout passionner les jeunes flamands qui se destinaient aux arts. Vers 1630, année où Jean de Reyn avait vingt ans, le peintre de Marie de Médicis était chargé d'honneurs et de gloire; il avait même été choisi comme ambassadeur par l'Archiduc, pour traiter de négociations délicates. Van Dyck commençait aussi à acquérir une réputation éclatante; dans son atelier d'Anvers, il était entouré d'élèves et une nouvelle génération se formait autour de lui. C'est auprès de Van Dyck que Jean de Reyn alla se faire initier à cette peinture aristocratique, distinguée, un peu frêle, qui allait obtenir la vogue et que l'Angleterre devait surtout apprécier. Elle répondait,

(1) Faulconnier a raconté l'histoire de ce tableau, peint en 1578, pour la *Confrérie de Saint-Georges* de *Bruges* et acheté par les membres de la même société de Dunkerque.

en effet, à merveille, au caractère même et aux types de la noblesse anglaise.

Parmi les élèves de Van Dyck se trouvaient, si je m'en rapporte aux détails intimes que nous ont laissés les historiens de l'art, quelques artistes fort habiles, tels que David Beck, d'Arnheim ou de Delft; celui-ci, suivant Immerzeel, a peint entièrement de sa main des tableaux que Van Dyck donnait comme siens (1). Jean de Reyn, après être entré dans ce cénacle, devint, en peu de temps, assez habile pour être distingué par son maître, et lorsque Van Dyck partit pour l'Angleterre, il obtint la faveur de l'accompagner, en étant pour lui, à l'occasion, comme une sorte de collaborateur.

Ce voyage eut lieu en 1632. Van Dyck s'était rendu aux sollicitations du comte d'Arundel, chargé par Charles Ier d'appeler à Londres le maître flamand. Celui-ci était traité comme un seigneur et était pensionné par le roi; dès son arrivée même, il possédait le titre de chevalier. L'Angleterre était forcée, à cette époque, de prendre ses artistes au dehors; l'école anglaise n'était même pas à ses débuts. Van Dyck trouva partout un accueil empressé; il exécuta un grand nombre de portraits pour les seigneurs qui se disputaient l'honneur d'être retracés par son pinceau. Jean de Reyn travailla souvent avec lui, on peut le supposer; nous savons tout au moins qu'il fit de belles copies de ses principaux portraits pour les familles de Dorset, de Carlisle et de Lindsey (2).

Je reconstitue cette biographie d'artiste, d'après les documents que j'ai pu réunir. S'il est impossible de suivre pas à pas Jean de Reyn en Angleterre, tout porte à croire qu'il

(1) Bürger. — Introduction à l'histoire de la peinture anglaise. — *Histoire des peintres* de Charles Blanc. Bürger cite aussi Jean de Reyn parmi les élèves de Van Dyck.

(2) *Antoine Van Dyck* par J. Guiffrey, page 233.

obtint, lui aussi, une part de la faveur qui était réservée à son maître, et qu'il eut à peindre des portraits de gentilshommes anglais.

Jean de Reyn demeura en Angleterre avec Van Dyck jusqu'après la mort de ce dernier, survenue en 1641 ; alors, la situation de la monarchie anglaise allait changer; la guerre civile se préparait et une révolution formidable devait bientôt ébranler le trône de Charles Ier. Le roi luttait contre le Parlement et allait se trouver forcé d'appeler aux armes ses partisans. De nouvelles préoccupations s'étaient emparées de la Cour et les seigneurs n'avaient plus le temps de se faire peindre. Cette période de discordes était terrible pour un artiste; les peintres savent ce qui se passe de nos jours, quand se produisent des circonstances du même genre. Jean de Reyn, ne voulant pas demeurer plus longtemps à Londres, repartit pour le continent et revint s'établir en Flandre ; je n'oserais dire, après les réserves que j'ai faites sur son origine, qu'il rentra tout d'abord à Dunkerque.

La Flandre se trouvait aussi troublée par la guerre; elle offrait des champs de bataille aux armées françaises et espagnoles. Jean de Reyn eut occasion de connaître, probablement à un moment où la lutte devenait moins acharnée, un des généraux français, Antoine, duc de Grammont, frère aîné du comte de Grammont, dont Hamilton a écrit les mémoires. C'est du moins ce que Descamps nous raconte, et il n'y a sans doute aucun inconvénient à se fier, pour cette fois, à ce récit du biographe des peintres. Le duc de Grammont, nommé lieutenant-général en 1641, avait déjà guerroyé en Flandre et avait pris part aux sièges d'Aire, de La Bassée et de Bapaume. Cette campagne lui avait valu le bâton de maréchal; il était revenu prendre part à la bataille de Lens, et il s'était établi, pendant quelque temps, dans la contrée que la France avait conquise. Homme aimable, courtisan d'une grande finesse, esprit instruit, à en juger par les mémoires qu'il a laissés, le duc aimait sans doute les arts, sinon d'un amour très profond, au moins en grand seigneur qui se préoccupe de tout ce qui peut séduire un homme de qualité. Il prit intérêt, comme Descamps nous le fait comprendre, à ce peintre flamand, il voulut travailler à sa fortune et lui proposa de l'amener à Paris et de le faire connaître à la Cour.

Ici, j'ai de nouveau recours à Descamps, auquel j'emprunte l'anecdote que je vais rapporter. L'artiste suivit à Paris le maréchal de Grammont qui le logea dans son hôtel, et lui fit faire un tableau qu'il voulait montrer à la Cour comme une preuve du talent de son protégé. Mais pendant qu'il habitait chez le maréchal, une petite mésaventure vint lui donner le dégoût de vivre chez les grands; il fut victime d'un vol de la part d'un laquais. Descamps rapporte ainsi la chose : « On raconte, dit-il, qu'un domestique lui ayant volé quelques chemises, il avait été trouver le duc de Grammont, pour lui demander son congé et lui dire que s'il n'était point à l'abri du vol dans une si grande maison, sa vie ne serait point en sûreté dans Paris. » Ceci est une anecdote; Jean de Reyn était, suivant Descamps, d'une timidité excessive, et les relations qu'il avait avec un grand seigneur pouvaient le gêner; il faut supposer plutôt que l'incartade du peintre avait pour cause quelque susceptibilité soudaine. Les artistes sont sujets à de pareilles brusqueries d'humeur, quand ils vivent dans la compagnie des grands, et qu'ils ont à souffrir de leur légèreté.

II

De Reyn revint à Dunkerque qu'il ne quitta plus à partir de ce moment. Il assista aux changements successifs que cette ville eut à subir, occupée tour à tour par la France, avec le comte d'Estrades pour gouverneur, prise par les Espagnols, reprise par Turenne en 1658, puis livrée à l'Angleterre. Malgré ces bouleversements intérieurs, tout porte à croire que Jean de Reyn trouva à faire usage de son pinceau à Dunkerque; il peignit des portraits de gens en place, il fit des tableaux pour les églises qui avaient eu à souffrir des siéges de la ville ou qui recherchaient des œuvres d'art. Dès que la tranquillité était revenue à Dunkerque, la ville reprenait un véritable essor, s'enrichissait et s'embellissait de tous côtés. Jean de Reyn devint comme le peintre en titre des couvents, des confréries et des corporations; sa facilité était, d'autre part, appréciée par le « Magistrat », puisqu'il en recevait des commandes de divers travaux de peinture et de décoration.

En 1662, en effet, Dunkerque, rachetée à l'Angleterre, revint à la France et Louis XIV y fit son entrée solennelle. D'après les historiens du temps, le roi de France fut reçu avec un enthousiasme extraordinaire dans la ville maritime dont il avait, au reste, reconnu tous les priviléges. Dunkerque échappait avec joie aux Anglais, non pas que leur domination eût été dure, mais la religion, les intérêts commerciaux, tout séparait Dunkerque de l'Angleterre. Louis XIV était déjà entouré de l'éclat des victoires, et il savait se faire aimer, surtout dans cette ville qu'il voulait s'attacher d'une façon définitive, avant même qu'il ne fût le maître des autres parties de la Flandre.

Les archives communales de Dunkerque nous ont conservé la trace des travaux qui furent commandés à Jean de Reyn, pour l'entrée du Roi. Ce sont des travaux d'un ordre inférieur sans doute, mais ils n'indiquent pas moins l'estime accordée à Jean de Reyn. Il peignit une partie des sujets allégoriques, dauphins, armoiries et devises, qui s'étalaient à l'hôtel-de-ville; il exécuta quelques peintures placées dans des écussons.

Voici les diverses mentions qu'on peut relever dans les Comptes de la Ville :

« A M. Jean de Rein, pour avoir dépeinct les armoiries de

Sa Ma^{té} pour les mettre devant le comptoir, sur la cay (1), par ord^{ance} du XXIIIe de may 1663, quinze livres.

» Au dict de Rein pour avoir fait les peintures pour décorer la glorieuse entrée de Sa Ma^{té} et deux fois avoir peinct les armoiries de Sa Ma^{té}, en grand tableau, par ord^{ce} du II de mars 1663, deux cent douze livres.

» Au dict de Rein pour la mesme cause par ord^{ce} du VIII de janvier 1663, soixante livres. »

Un autre artiste, établi à Dunkerque et sur lequel il ne parait point aisé de donner aucun renseignement, Pierre Acquerman, avait aidé Jean de Reyn à exécuter ces peintures ; les Comptes de la Ville contiennent, en effet, cette note :

« A Pierre Acquerman, peintre, pour avoir aidé à peindre les emblêmes et autres figures faictes pour décorer la triomphante entrée de Sa Ma^{té} par ord^{ce} du IV janvier 1663, vingt-quatre livres. »

Notre artiste peignit ensuite un Saint Louis, pour l'église Saint-Eloi ; ce portrait d'un ancêtre du roi de France, d'un saint français, venait sans doute représenter une allusion flatteuse à l'adresse de Louis XIV. L'extrait des Comptes est ainsi conçu :

« A M. Jean de Rein, pour avoir poinct l'image de St Louis en la grande église, par ord^{ce} du IVe septembre 1664, quarante-quatre livres ».

Jean de Reyn était donc devenu une sorte de peintre officiel, comme nous dirions aujourd'hui. Il était comme le Frans Hals ou le Van Dyck de Dunkerque ; il pouvait faire, lui aussi, des portraits d'échevins et de bourgmestres, de régents d'hospice, de syndics de corporations.

On sait qu'il travailla pour l'église Saint-Éloi ; les couvents de la ville eurent sans doute recours de même à son pinceau.

(1) Le quai.

Descamps parle d'un tableau qu'il aurait peint pour l'église des Riches Claires; il y a ici erreur de la part de Descamps, aucune maison religieuse de ce nom n'ayant existé à Dunkerque; on peut plutôt supposer que notre peintre aurait exécuté un tableau pour l'église des Bénédictines anglaises. Jean de Reyn fit, en outre, les portraits des confrères de Saint-Sébastien, portraits placés dans la salle de réunion de cette confrérie (1). Sa réputation rayonnant enfin au dehors de la ville, il fut chargé de plusieurs tableaux religieux, pour l'église paroissiale et pour l'abbaye Saint-Winoc, à Bergues.

Jean de Reyn peignait beaucoup de copies pour les églises qui préféraient à des œuvres originales les reproductions de quelques compositions célèbres. Descamps nous apprend encore qu'il avait peint pour la chapelle Saint-Roch, à l'église Saint-Éloi, une copie de la *Vierge tenant l'enfant Jésus*, de Rubens.

« Cette copie, dit Descamps, pourra tromper un jour, tant elle approche de son modèle; la facilité et la fermeté de la touche ne laissent aucune trace de gêne ni de tâtonnement ». Remarquez bien les réflexions de Descamps, et voyez comme il est aisé de substituer une reproduction à une peinture originale; c'est ainsi que se sont créées, en matière d'art, bien des attributions qui avaient sans doute paru acceptables au premier abord.

Descamps cite encore quelques autres copies de Jean de Reyn d'après Rubens, copies commandées pour l'église des Jésuites de Bergues et représentant des saints de l'ordre de Loyola. Ces travaux différents permettaient probablement à Jean de Reyn de rester établi d'une façon définitive, à

(1) Descamps. *Voyage pittoresque de la Flandre et du Brabant.* Chapitre consacré à Dunkerque.

Dunkerque; tout paraît indiquer, au moins, qu'il n'est plus sorti de cette ville (1).

Nous avons fort peu de détails sur sa vie privée; il est probable qu'il s'était marié d'assez bonne heure. A quelle époque, on ne saurait le dire. Quoi qu'il en soit, dans un acte d'état civil que j'aurai bientôt à citer, il est traité de veuf. En 1666, son veuvage lui pesant, il se remarie et épouse Françoise Huys. Les registres de la paroisse Saint-Éloi, dont une grande partie a été malheureusement détruite, contiennent la transcription des publications et de l'annonce du mariage qui fut célébré le 17 octobre 1666 (2).

Diverses mentions concernant notre artiste se retrouvent dans d'autres pages des mêmes registres. Six mois après le mariage, Jean de Reyn a un fils qui reçoit les noms de Jean-Nicolas : c'était une naissance quelque peu hâtive ; il avait fallu sans doute presser les préparatifs de mariage, lorsque Françoise Huys n'avait pu douter de sa maternité (3). Le 11 décembre 1673, Jean de Reyn a un second fils qui reçoit les prénoms de Nicolas-Ignace. Je m'arrête là, dans ces citations empruntées aux registres de l'église Saint-Eloi,

(1) Jean de Reyn faisait à la fois de l'art et du métier, et comme les artistes de ce temps, il ne croyait pas déroger en employant son pinceau à n'importe quelle tâche. En 1673, il peignit, suivant les registres de Saint-Éloi, « deux chandeliers de bois, pour être placés sur les grands chandeliers du chœur ». Ce travail lui fut payé 2 livres.

(2) Je dois ces renseignements à M. A. Daigremont, qui a consulté, avec fruit et succès, les registres de la paroisse Saint-Éloi. M. Daigremont a eu l'obligeance de me remettre copie du texte ainsi conçu :

Die 6a 8bris 1666 coram Dno Gerssen contraxere sponsalia Joes de Reyn viduus et Francisca Huys, puella, residentes Dunckercæ, testes dominus Nicolaus Naelde et Nicolaus de Vré.

Signé : Van der Cruce.

Die 17a 8bris 1666 infrà scriptus. R. E. D. tribus bannis permissis junxi matrimonio Joannem de Reyn viduum et Franciscam Huys puellam Dunckercæ residentes, testes erat Guillielmus de Vre et Guillielmus Arssen.

(3) Die ultima martii 1667 baptizavi Joannem Nicolaum filium Joannis Dereyn et Franciscæ Hus, conjugum, natum heri mane ; susceptores fuerunt dnus Nicolaüs Vandernaelde et Judoca Boteus, residentes Dunkercæ, atque signatum erat Ad. Gherssen.

de peur d'arriver à confondre Jean de Reyn avec des homonymes, de peur de m'attacher aussi à des faits insignifiants. Descamps a écrit que Jean de Reyn n'avait eu qu'une fille et il savait que cette fille avait épousé un notaire. Les enfants dont je viens d'enregistrer la naissance n'avaient-ils pas vécu? Serions-nous en présence de contradictions? Peu importe, ces questions étant évidemment fort secondaires.

D'après Descamps, Jean de Reyn serait mort le 20 mai 1678 et aurait été enterré à Saint-Eloi, ainsi que sa femme, morte le 4 juillet 1686. Les registres de Saint-Eloi ne nous offrent pas son extrait mortuaire; on peut y relever seulement, à la date de l'année 1686, mention de la mort de Françoise Huys, qui se serait remariée après le décès de son premier mari (2).

III

La biographie de Jean de Reyn, on le voit, s'appuie encore, malgré les lacunes qu'elle présente, sur quelques événements et quelques faits essentiels.

Bien que l'œuvre de l'artiste se présente à nous sous un aspect restreint, il faut reconnaître qu'on peut en donner une impression d'ensemble, d'après les peintures qui nous ont été conservées.

A Dunkerque même, on retrouve, au musée et à l'église Saint-Eloi, les tableaux qui furent peints pour les paroisses et les corporations religieuses; on peut revoir aussi, dans cette ville, le portrait du comte d'Estrades.

(2) Die quinta Julii anni millesimi sexcentesimi octogesimi sexti infrascriptus *hac in ecclesia cum exequis campanæ vulgo maria sepelivi* Franciscam Huys, uxorem Jacobi Willaert.

Signé : JUDOCUS DE SECK.

A Bergues, le musée nous offre quelques peintures qui furent exécutées pour l'abbaye de St-Winoc; l'église Saint-Martin possède une des toiles les plus importantes de notre artiste, l'*Adoration des Mages*. Il faut regretter, sans doute, l'absence ou la perte de quelques autres peintures ; mais n'est-ce pas assez pour voir quel était le talent de Jean de Reyn? Plusieurs de ces œuvres ont, malheureusement, subi des retouches; dans quelques tableaux les tons ont verdi, les figures sont devenues pâles; il faut tenir compte, dans une appréciation, de cet état qui n'est plus l'état primitif.

Le portrait du comte d'Estrades fait partie aujourd'hui de la collection de M. Coffyn, un amateur de Dunkerque, qui possède les richesses d'art que savaient réunir en Flandre les amateurs d'autrefois. M. Coffyn tient ce portrait d'un de ses amis, ingénieur en chef, qui lui avait affirmé l'avoir trouvé dans l'hôtel habité autrefois par le comte d'Estrades, rue de l'Eglise. C'est un portrait délicat, consciencieux et habile ; la couleur en est devenue un peu pâle, mais il n'en est pas moins resté expressif, et l'on ne doit pas oublier, au reste, de lui restituer par la pensée, en l'examinant, un peu du coloris qu'il a perdu.

On a devant les yeux un personnage, militaire et homme de cour, qui a grand air et dont la physionomie est fière et décidée. Sa longue chevelure, brune et bouclée, tombe sur une grande collerette ; il porte une cuirasse ; le costume, la tenue et les allures du comte d'Estrades font penser à la première période du règne de Louis XIV. Le visage est martial; on reconnaît à la fois en ce personnage le gentilhomme de haute lignée et le diplomate; on peut lui attribuer un peu plus de quarante ans.

Le comte d'Estrades a joué un rôle fort important dans l'histoire de Dunkerque; il fut intimement mêlé aux principaux événements que cette ville a vu se dérouler pendant une longue période. Issu d'une famille de Guyenne dont un des membres, François d'Estrades, s'était distingué au service du roi Henri IV, il avait rempli de bonne heure, auprès de Maurice de Hollande, les fonctions d'agent de la France; le cardinal de Richelieu l'avait envoyé en Angleterre, pour négocier avec Charles Ier. On connaissait ses talents et sa souplesse, lorsqu'il fut nommé, en 1646, ambassadeur extraordinaire en Hollande; il en revint à la tête d'un corps auxiliaire de troupes, à l'aide desquelles il concourut à la prise de Dunkerque.

Il fut gouverneur de cette ville, en 1650, avec le grade de lieutenant-général; deux ans après, il y fut assiégé par les Espagnols et, par un retour subit de circonstances, il fut forcé de leur rendre la place, après une résistance fort honorable. Mais il devait revenir à Dunkerque; nommé ambassadeur extraordinaire auprès de Charles II, ce fut lui qui obtint de l'Angleterre le rachat de cette ville et il la reçut des mains des Anglais.

Plusieurs portraits nous sont parvenus de ce personnage qui a honoré le règne de Louis XIV; nous avons quelques estampes qui remettent ses traits sous nos yeux. Une entre autres, publiée chez Moncornet, nous le montre en grand costume militaire d'apparat, portant une cuirasse et tenant un plan roulé à la main. Alors il était maréchal; le texte qui accompagne la gravure nous apprend « qu'il fut en sa jeunesse, capitaine de cavallerie et d'infanterie en Hollande et à divers temps gouverneur de Mézières, de Gravelines et de Dunkerque ». Une autre estampe, d'Etienne Picart, le représente revêtu de l'ordre du Saint-Esprit; on lit ces mots autour du cadre où est placé le portrait: *Comes d'Estrades eques torquatus.* Ces gravures nous offrent des matériaux suffisants pour tracer un intéressant parallèle. Le portrait que possède M. Coffyn paraît cependant antérieur à la plupart de ces reproductions gravées; on pourrait même supposer qu'il a été peint pendant que d'Estrades était gouverneur, vers 1650 ou 1651.

Quelle est, à Dunkerque, l'œuvre capitale de Jean de Reyn, parmi ces compositions religieuses qu'il traitait avec tant de facilité et de souplesse? Au musée, nous avons *Saint Alexandre délivré par les Anges;* dans l'église Saint-Eloi, nous pouvons regarder une assez grande scène, le *Martyre des Quatre Couronnés.* Entrons, tout d'abord, au musée de la Ville; le catalogue consacre à notre peintre une place qui semble assez étendue, mais on a accordé primitivement à Jean de Reyn certaines œuvres qui ne peuvent être considérées comme authentiques ; le catalogue les enregistre, tout en nous faisant savoir que l'attribution en a été contestée. Il faut tenir compte d'un portrait assez librement traité, et arriver à *Saint Alexandre,* signé, *J. de Rn 1656,* en ajoutant à ce tableau, qui formait autrefois la partie centrale d'un triptyque, deux volets qui en ont été détachés, et qui représentent les portraits de deux donateurs.

Saint Alexandre, en camail rouge, les mains jointes sur son cœur, est chargé de chaînes ; un ange vient le délivrer de sa prison, tel est le sujet ; le saint est peint avec un peu de mollesse, la physionomie offre surtout ce défaut ; l'ange prend à peine part à la scène ; il est peint, au reste, avec assez de charme ; on sent de la grâce dans certains détails et une certaine suavité de couleur. Les portraits des deux donateurs retiennent davantage l'intérêt, et malgré les retouches que les traits ont subies, malgré l'aspect défraîchi des visages, on sent, à première vue, le coup de pinceau qui révèle un habile portraitiste.

Jean de Reyn avait peint *Saint Alexandre délivré par les Anges,* pour décorer à Saint-Eloi la chapelle de la confrérie des bouchers, chapelle qui a été détruite à la suite des transformations de l'église. Le syndic des bouchers de Dunkerque, en 1656, se nommait Alexandre Leys. Il commanda à Jean de Reyn la représentation de la scène principale de la vie de son patron, saint Alexandre, et suivant l'usage adopté tant de fois, il fit retracer, sur les volets qui devaient compléter ce tableau, son portrait et celui de sa femme.

Leys est petit de taille et un peu court; il est agenouillé sur un prie-dieu; tout vêtu de noir, il porte un rabat de dentelles et des manchettes blanches; il a un large crevé à la manche; il tient à la main un chapelet. Sa femme, dans la même attitude, est en noir; elle est parée seulement de quelques dentelles blanches réunies par une agrafe autour du cou; à la main, elle tient un livre de prières.

Voilà deux excellents portraits. Bien qu'ils aient subi une restauration maladroite, bien que la physionomie de Leys et celle de sa femme paraissent aujourd'hui alanguies et d'une coloration un peu blême, ces œuvres révèlent une touche élégante et décidée.

Jean de Reyn est, avant tout, un portraitiste; c'est là le caractère essentiel de son talent. On reconnaît dans ces deux portraits l'élève de Van Dyck, à la finesse du dessin, à une grâce un peu maladive et fluette; la décadence de la manière du maître s'indique même à quelques traits, à un certain affaiblissement des tons, à quelque affadissement dans l'expression. Notre peintre, quand il se trouvait en Angleterre, a dû rendre assurément avec beaucoup de sentiment et de justesse la physionomie du gentilhomme anglais, que Van Dyck avait si bien saisie. Ici, nous avons devant nous deux personnages bien Dunkerquois; les types sont bien distincts, bien originaux, et, à ce titre, il faut reconnaître que les œuvres de Jean de Reyn sont, en réalité, infiniment précieuses pour l'histoire intime de Dunkerque.

IV

L'église Saint-Eloi est riche en tableaux de l'école flamande; elle possède des toiles de Gérard Seghers et de

Honthorst. A côté de ces tableaux, le *Martyre des Quatre Couronnés*, de Jean de Reyn, fait fort bonne figure.

Descamps disait dans son *Voyage pittoresque*, de cette grande composition religieuse : « Le dessin y est plein de finesse, la couleur excellente, d'une belle façon de faire et de la touche la plus brillante. » Il ajoutait pourtant, après avoir constaté que l'artiste s'était peint dans cette scène, *avec un chapeau blanc :* « Ce beau tableau est composé avec un peu de confusion, l'effet y est éparpillé et pas assez lié. »

Le *Martyre des quatre couronnés* est une composition fort importante. Ce tableau fut exécuté par Jean de Reyn, à une époque où l'artiste sentait l'étendue de ses forces, et où il voulait sans doute prouver qu'il était capable de faire une grande œuvre. Un effort considérable se révèle, en effet, dans l'ordonnance de ce tableau; tout n'est pas en harmonie dans la composition; l'interprétation du sujet laisse voir un peu de confusion; malgré certains défauts, malgré certaines inégalités de facture, cette œuvre doit être placée au premier rang parmi les tableaux de Jean de Reyn.

Les quatre personnages condamnés au martyre et exécutés par les soldats, sont ceints à peine de quelques draperies. Il y a là de superbes études de nu et toute la scène a une grande allure. Malheureusement les fautes de dessin qu'on retrouve dans cette toile, sautent aux yeux, et un artiste les aperçoit bien vite, sans qu'il soit nécessaire de les lui indiquer. Parmi les personnages qui assistent à la scène, le peintre s'est en effet placé lui-même, comme Descamps l'avait indiqué; il est reconnaissable à son chapeau gris, je puis même dire à sa physionomie d'artiste; nous avons ainsi, cela est bien sûr, un portrait de Jean de Reyn.

Je ne saurais dire ce qu'est devenu un autre tableau, cité par Descamps, et dont le sujet n'est pas indiqué; les volets de ce tableau étaient peints par Jean de Reyn ; cette œuvre de notre artiste était placée, suivant Descamps, dans la chapelle de Sainte-Anne (1). Si je ne puis décrire ce tableau, je revois dans l'église une suite de saints et d'apôtres, de grandeur naturelle, douze panneaux en tout; ce sont des figures en pied de saint Paul et de saint Pierre, apôtres, de saint Pierre pape, de saint Thomas, de saint Guérard, de saint Nicolas, etc. Ces portraits de saints sont exécutés avec souplesse; le coloris en est éclatant et distingué, mais l'expression des physionomies laisse voir un peu de mollesse. Expert à rendre les figures humaines d'après un modèle, Jean de Reyn s'est contenté de faire appel à des réminiscences dans ces peintures, et il y demeure inférieur à lui-même.

Saint-Eloi possède encore deux copies de Jean de Reyn, *le Mariage de la Vierge*, reproduction agrandie du tableau appartenant au Musée et *Saint Roch guérissant les pestiférés*, dont l'original se trouve à Alost, dans l'église Saint-Martin. *Le Baptême de Totila*, cité par Descamps comme se trouvant dans l'église des religieuses qu'il appelait les Riches Claires, a probablement disparu. Pour avoir de nouveau sous les yeux une œuvre capitale du peintre de *Saint Alexandre*, il faut aller à Bergues et regarder dans l'église Saint-Martin *l'Adoration des Mages*.

Au premier plan, deux personnages revêtus de grands manteaux, à tournure et à physionomie quelque peu épiscopales, viennent apporter le tribut de leur adoration à la Vierge et à l'enfant Jésus. L'un est agenouillé, l'autre tient dans ses mains des présents et incline respectueusement la tête. Au second plan, apparaît le mage noir; quelques personnages forment l'escorte des mages; un soldat appuie

(1) « Dans la chapelle de Sainte-Anne, entre les croisées et les fonts de baptême, on voit l'épitaphe d'Alexandre Claissens, avec les volets peints par Jean de Reyn.... » *Voyage Pittoresque*, p. 302. Il s'agit peut-être du *Saint Alexandre* et d'Alexandre Leys.

la main sur sa hallebarde. La Vierge a le type d'une belle flamande dans la fleur de l'âge. Les figures secondaires qui animent la composition sont élégantes et un peu pâles, et à ce signe, on reconnaît l'élève de Van Dyck. Les têtes sont expressives comme des portraits, et l'on sent qu'elles ont été prises sur nature. Ici encore se montre la qualité principale de notre artiste, l'expression.

Au musée de Bergues, nous retrouvons quelques œuvres marquées du même caractère et qui révèlent aussi quelques inégalités. Je signale d'abord un beau portrait de personnage inconnu, portant un élégant habit gris à retroussis noirs, sur lequel tombe une riche cravate de dentelles; ce portrait est peut-être d'un ton un peu uniforme; mais le type plaît par son air décidé et son allure dégagée. Le *Martyre de sainte Agathe* que Descamps a cité (1), est un tableau à deux personnages; la sainte, attachée à un poteau, toute livide, est torturée par son bourreau qui lui déchire le sein; les chairs, la draperie rouge qui tombe sur les genoux de la sainte sont habilement traitées. Le bourreau costumé en soldat, un bourreau de Van Dyck, est un personnage sombre et sauvage que les douleurs de la sainte laissent insensible. Bergues conserve encore de Jean de Reyn un *Saint Casimir* représenté dans une pose extatique et qui voit la Vierge lui apparaître.

On a restitué dernièrement au musée de Lille à Jean de Reyn une grande composition attribuée longtemps à Van Dyck, *la Vierge au Donataire*. C'est une toile où les figures sont de grandeur naturelle; la Vierge assise tient l'enfant Jésus sur ses genoux et donne la bénédiction à un homme vêtu de noir, prosterné devant elle. Ce tableau a été gravé par Coenroert Waumans, et la gravure porte une inscription d'après laquelle le personnage agenouillé serait Alexandre

(1) *Voyage Pittoresque de la Flandre et du Brabant.*

Scaglia, abbé de Staffarde (1). Le catalogue du musée de Bruxelles accorde à notre artiste un portrait de dame, vêtue d'une robe noire, sur laquelle retombe une guimpe blanche et ayant deux nœuds de ruban rouge à la ceinture. Ce portrait porte la date et la signature qui suivent: *Anno 1637, J. En Jan Ryn.*

Un autre tableau de J. de Reyn existe à Bruges, dans l'église Notre-Dame. Le cadre du tableau porte le nom de l'artiste, ainsi que la date 1644 ; c'est *Un miracle de Saint Vincent Ferrier.* La composition est bien ordonnée. Saint Vincent Ferrier, — en costume de dominicain, — a rappelé à la vie un enfant ; plusieurs personnages se tiennent à côté du cercueil entr'ouvert, d'où on a déplié le linceul ; deux femmes sont très délicatement peintes, l'une drapée dans une écharpe bleue, l'autre vêtue de vert. Un serviteur enveloppé d'un manteau rouge se tient sur le devant de la scène. On sent peut-être un peu de mollesse dans l'exécution, mais si l'ensemble ne répond pas à une idée de perfection, certaines parties sont traitées supérieurement : le coloris est frais et les tons du tableau n'ont pas trop noirci.

Voilà les œuvres principales qu'on peut relever actuellement : après beaucoup de recherches, on n'aboutit pas à des résultats plus étendus.

Jean de Reyn n'est pas un artiste de premier jet; la vigueur lui manque et il a le souffle un peu court; la composition est en général bien ordonnée dans ses toiles importantes, mais les parties sont souvent défectueuses.

Comme Van Dyck, il a un peu de maniérisme et une grâce souvent affadie. Il ne possède pas l'extrême noblesse de celui-ci et cette élégance un peu hautaine qui semble de race; il n'a pas cette supériorité d'esprit qui a assuré à Van Dyck une rare perfection dans tous les sujets qu'il a abordés.

(1) Catalogue du musée de Lille. *Rectifications et errata.*

Jean de Reyn est inégal, il faut le reconnaître ; il a su être expressif dans un certain nombre de portraits, il a enlevé avec adresse ou traité avec conscience quelques compositions religieuses, mais son nom ne devait pas rester attaché à des œuvres de premier ordre.

Cette physionomie d'artiste paraît par moments un peu mélancolique, quand nous réfléchissons à la destinée qui l'a mené, à la suite de Van Dyck, à Londres, et de là à Paris. Il avait traversé dans les premiers temps, je l'ai noté, quelques déconvenues et quelques épreuves. Il trouva la tranquillité à Dunkerque, et il jouit dans cette ville de la réputation d'un artiste dont l'habileté était reconnue. Il fut apprécié par tous ceux qui aimaient les arts ; il avait sans doute de nombreux amis, des relations bien choisies qui prouvaient l'estime où on le tenait : nous en avons un témoignage d'après les actes qui le concernent ; il devait avoir, au reste, à Dunkerque, une assez nombreuse famille.

On peut compter, pour élargir par certains côtés l'œuvre de cet artiste, sur quelques découvertes heureuses en Angleterre ; n'oublions pas que plusieurs de ses toiles peuvent se trouver dans les châteaux de la noblesse anglaise, ou dans des collections particulières, confondues avec les peintures de Van Dyck, ou bien négligées et abandonnées. Le classement des œuvres d'art qui s'opère aujourd'hui de toutes parts, à l'aide des recherches indépendantes ou des expositions rétrospectives, nous fera connaître, un jour ou l'autre, quelques peintures dont les amateurs de Dunkerque apprendront avec plaisir l'existence.

Le nom de Jean de Reyn ne figure pas dans les registres de la corporation de Saint-Luc, d'Anvers ; l'élève de Van Dyck n'était pas entré dans cette *ghilde* d'artistes. Les seuls documents qu'il nous soit possible de relever proviennent de Dunkerque.

Restons-en là; bornons-nous au petit nombre de pièces que nous possédons. Attendons d'heureux hasards pour agrandir le cercle de nos études ou pour donner le mot définitif sur la biographie et l'origine de notre peintre. Gardons-nous surtout d'attribuer à Jean de Reyn la paternité de certaines œuvres douteuses, ce qui serait apporter dans cette étude de nouvelles difficultés.

Il faut se contenter de présenter sous quelques traits cette physionomie intéressante. C'est l'honneur de Dunkerque d'avoir possédé cet artiste et de l'avoir retenu chez elle, en occupant son pinceau et son talent. Dunkerque a conservé avec soin ses œuvres, et a considéré Jean de Reyn comme une de ses illustrations. Il faudrait souhaiter qu'un écrivain dunkerquois, armé de pièces nombreuses, appuyé sur des connaissances positives, vînt compléter dans l'avenir sa biographie, en opposant, à Dunkerque même, des documents certains aux erreurs que peut avoir répandues dans sa notice un autre dunkerquois, l'historien des peintres, Descamps.

APPENDICE

(Extrait des anciens registres de l'église Saint-Eloi)

Passages où se trouvent cités les noms de Jean de Reyn ou de membres de sa famille (1)

Les recherches entreprises à Dunkerque, au greffe du gros, ont fait découvrir que l'acte de mariage de Jean de Reyn y existait : malheureusement, cette pièce dont fait mention le répertoire du Greffe, a été soustraite et il n'a pas été possible d'en retrouver la trace. On aurait pu connaître par cet acte l'âge ou la date de la naissance des conjoints et le lieu de leur naissance.

Die 13 julii 1641, infrascriptus baptizavi Mariam, filiam Nicolaï de Reyn et Joanna Desmet, conjugum, natam pridiè, susceptores Lucas Basleyn et Maria de Gomme, residentes Dunk^e^.

Signé : JODOCIUS HAUSSELIER.

Die 20 aug^tt^ 1641, infrascriptus baptizavi Elizabeth, filiam Guillielmi Reyn et Margareta Lussen, conjugum, natam pridiè, susceptores Francisca Puppynck et Elisabeth Jacobsen, residentes Dunk.

Signé : JOD. HAUSSELIER.

Die 10 9^bris^ 1663, infrascriptus, baptizavi Annam, filiam Gisleni de Reyn et Margarita de Cauwe conjugum, natam pridiè, susceptores Joannis de Reyn et Anna Oudegats.

Signé : RAUWELS.

Die 6^a^ 8^bris^ 1666 coram D^no^ Gerssen, contraxere sponsalia Joes de Reyn, viduus, et Francisca Huys, puella, residentes Dunkercæ, testes d^nus^ Nicolaus Naelde et Nicolaüs De Vrè.

Signé : VAN DER CRUCE.

(1) Ces textes ont été relevés par M. A. Daigremont.

Die 17a 8bris 1666 infrascriptus R. E. D. tribus bannis permissis junxi matrimonio Joannem de Reyn viduum et Francescam Huys puellam, Dunkercæ, residentes, testes erant Guillielmus de Vrè et Guillielmus Arssen.

Signé : VAN DER CRUCE.

Die ultima Martii 1667, baptizavi Joannem Nicolaum filium Joannis Dereyn et Franciscæ Hus, conjugum, natum heri mane; susceptores fuerunt dnns Nicolaüs Vernaelde et Judoca Botens, residentes Dunkercæ, atque signatum erat Ad. Gerssen.

Payé à Jean de Rein, pour avoir paint les deux chandelliers de bois pour mettre sur les grands chandelliers du cœur...... 2l — 0 — 0.

Die undecima decembris anni millesimi sexentesimi septuagesimi tertii infrascriptus baptizavi Nicolaum Ignatium, filium Joannis de Reyns et Francisca Huys, conjugum, natum nona hujus vesperi, susceptores Nicolaûs Verbrugghe et Magdalena Coppens, hic residentes et signatum erat Joes Depondt.

Die 27a Martii 1675, infrascriptus, baptizavi Petrum, filium Joannis de Reyn et Petronilla Verbrugghe, conjugum, natum hodie mane ad medium sextœ. Susceptores fuerunt dominus Petrus Dionysius de Brier et Maria-Magdalena Boubereel, hic residentes, atque signatum erat Joes Depondt.

Die vegesima septembris 1679, sepelivi Barbaram, filiam parvulam Joannis de Reyn et Maria Lenaers.

Die vigesima tertia Aprilis anni millesimi sextum octogesimi tertii 1683, sepelivi in cœmiterio filiolum Joannis *De Rin*, non solenniter baptizatum.

Die quarta junii anni millesimi sexentesimum octogesimi tertii 1683, sepeliendum conduxi Paulum Petrum Hûs, aprid R. P. P. recolectus cemiterio.

Signé : PAULUS BLANCKAERT.

Die quinta julii anni millesimi sexentisimi octogesimi sexti infrascriptus hac in ecclesia, cum exequis campanæ vulgo maria sepelivi Franciscam Huys, uxorem Jacobi Willaert.

Signé : JUDOCUS DE SECK.

www.ingramcontent.com/pod-product-compliance
Ingram Content Group UK Ltd.
Pitfield, Milton Keynes, MK11 3LW, UK
UKHW020411250726
13967UKWH00006B/2588